Diseñar nuevos mapas

de esperanza

Leo P.P. XIV

DISEÑAR NUEVOS MAPAS DE ESPERANZA

Con ocasión del LX aniversario de la declaración
conciliar *Gravissimum educationis*

SAN PABLO

© SAN PABLO 2025
   Protasio Gómez, 11-15. 28027 Madrid
   Tel. 917 425 113
   secretaria.edit@sanpablo.es - www.sanpablo.es
© Dicasterio para la Comunicación - Libreria Editrice Vaticana, 2025

Distribución: SAN PABLO. División Comercial
Resina, 1. 28021 Madrid
Tel. 917 987 375
ventas@sanpablo.es
ISBN: 978-84-285-7462-4
Depósito legal: M. 24.159-2025
Impreso en Artes Gráficas Gar.Vi. 28970 Humanes (Madrid)
Printed in Spain. Impreso en España

CARTA APOSTÓLICA

DISEÑAR NUEVOS MAPAS DE ESPERANZA

DEL PAPA

LEÓN XIV

CON OCASIÓN DEL LX ANIVERSARIO
DE LA DECLARACIÓN CONCILIAR
GRAVISSIMUM EDUCATIONIS

1

Proemio

1.1. Diseñar nuevos mapas de esperanza. El 28 de octubre de 2025 se cumple el 60º aniversario de la Declaración conciliar *Gravissimum educationis* sobre la extrema importancia y actualidad de la educación en la vida del ser humano. Con ese texto, el Concilio Vaticano II recordó a la Iglesia que la educación no es una actividad accesoria, sino que constituye el tejido mismo de la evangelización: es la forma concreta con la que el Evangelio se convierte en gesto educativo, relación, cultura. Hoy, ante los rápidos cambios y las incertidumbres que desorientan, ese legado muestra una sorprendente solidez. Allí donde las comunidades educativas se dejan guiar por la palabra de Cristo, no se retiran, sino que se relanzan; no levantan muros, sino que construyen puentes. Reaccionan con creatividad, abriendo nuevas posibilidades para la transmisión del conocimiento y del sentido en la escuela, en la universidad, en la formación profesional y civil, en la pastoral escolar y juvenil, y en la investigación, porque el Evangelio no envejece, sino que «hace nuevas todas las cosas» (Ap 21,5). Cada generación lo escucha como una novedad que regenera. Cada generación es responsable del Evangelio y del descubrimiento de su poder seminal y multiplicador.

1.2. Vivimos en un entorno educativo complejo, fragmentado y digitalizado. Precisamente por eso es sabio detenerse y recuperar la mirada sobre la «cosmología de la *paideia* cristiana»: una visión que, a lo largo de los siglos, supo renovarse e inspirar positivamente todas las poliédricas facetas de la educación. Desde sus orígenes, el Evangelio ha generado «constelaciones educativas»: experiencias humildes y fuertes a la vez, capaces de leer los tiempos, de custodiar la unidad entre la fe y la razón, entre el pensamiento y la vida, entre el conocimiento y la justicia. Han sido, en la tormenta, un ancla de salvación; y en la bonanza, una vela desplegada. Un faro en la noche para guiar la navegación.

1.3. La Declaración *Gravissimum educationis* no ha perdido fuerza. Desde su recepción ha nacido un firmamento de obras y carismas que aún hoy orienta el camino: escuelas y universidades, movimientos e institutos, asociaciones laicales, congregaciones religiosas y redes nacionales e internacionales. Juntos, estos cuerpos vivos han consolidado un patrimonio espiritual y pedagógico capaz de atravesar el siglo XXI y responder a los retos más apremiantes. Este patrimonio no está inmovilizado: es una brújula que sigue indicando la dirección y hablando de la belleza del viaje. Las expectativas actuales no son menores que las muchas a las que se enfrentó la Iglesia hace sesenta años. Más bien se han ampliado y se han vuelto más complejas. Ante los muchos millones de niños en el mundo que aún no tienen acceso a la educación primaria, ¿cómo no actuar? Ante las dramáticas situaciones de emergencia educativa provocadas por las guerras, las migraciones, las desigualdades y las diversas formas de pobreza, ¿cómo no sentir la urgencia de renovar nuestro compromiso? La educación –como recordé en mi Exhortación apostólica *Dilexi te*– «ha sido siempre una de las expresiones más altas de la caridad cristiana»[1]. El mundo necesita esta forma de esperanza.

---

[1] León XIV, Exhortación apostólica *Dilexi te* (4 de octubre de 2025), n. 68 [San Pablo, Madrid 2025].

2

Una historia dinámica

2.1. La historia de la educación católica es la historia del Espíritu en acción. La Iglesia, «madre y maestra»[2], no por supremacía, sino por servicio: genera en la fe y acompaña en el crecimiento de la libertad, asumiendo la misión del Divino Maestro para que todos «tengan vida y la tengan en abundancia» (Jn 10,10). Los estilos educativos que se han sucedido muestran una visión del ser humano como imagen de Dios, llamado a la verdad y al bien, y un pluralismo de métodos al servicio de esta llamada. Los carismas educativos no son fórmulas rígidas: son respuestas originales a las necesidades de cada época.

2.2. En los primeros siglos, los Padres del desierto enseñaban la sabiduría con parábolas

---

[2] Cf Juan XXIII, Carta encíclica *Mater et Magistra* (15 de mayo de 1961).

y apotegmas; redescubrieron el camino de lo esencial, de la disciplina de la lengua y de la custodia del corazón; transmitieron una pedagogía de la mirada que reconoce a Dios en todas partes. San Agustín, al injertar la sabiduría bíblica en la tradición grecorromana, comprendió que el maestro auténtico suscita el deseo de la verdad, educa la libertad para leer los signos y escuchar la voz interior. El monacato ha llevado adelante esta tradición en los lugares más inaccesibles, donde durante décadas se han estudiado, comentado y enseñado las obras clásicas, de tal manera que, sin este trabajo silencioso al servicio de la cultura, muchas obras maestras no habrían llegado hasta nuestros días. «Desde el corazón de la Iglesia» surgieron las primeras universidades, que desde sus orígenes se revelaron como «centro incomparable de creatividad y de irradiación del saber para el bien de la humanidad»[3]. En sus aulas, el pensamiento especulativo encontró en la mediación de las órdenes mendicantes la posibilidad de estructurarse sólidamente y llegar hasta las fronteras de las ciencias. No pocas congregaciones religiosas dieron sus primeros

[3] JUAN PABLO II, Constitución apostólica *Ex corde Ecclesiae* (15 de agosto de 1990), n. 1.

pasos en estos campos del saber, enriqueciendo la educación de manera pedagógicamente innovadora y socialmente visionaria.

2.3. La educación se ha expresado de muchas maneras. En la *Ratio Studiorum*, la riqueza de la tradición escolar se fusiona con la espiritualidad ignaciana, adaptando un programa de estudios tan articulado como interdisciplinario y abierto a la experimentación. En la Roma del siglo XVII, san José de Calasanz abrió escuelas gratuitas para los pobres, intuyendo que la alfabetización y el cálculo son dignidad antes que competencia. En Francia, san Juan Bautista de La Salle, «consciente de la injusticia que suponía la exclusión de los hijos de los obreros y campesinos del sistema educativo»[4], fundó los Hermanos de las Escuelas Cristianas. A principios del siglo XIX, también en Francia, san Marcelino Champagnat se dedicó «con todo su corazón, en una época en la que el acceso a la educación seguía siendo un privilegio de unos pocos, a la misión de educar y evangelizar a los niños y jóvenes»[5]. Del mismo modo, san Juan

---

[4] LEÓN XIV, Exhortación apostólica *Dilexi te* (4 de octubre de 2025), n. 69 [San Pablo, Madrid 2025].
[5] *Ib*, n. 70.

Bosco, con su «método preventivo», transformó la disciplina en razonabilidad y proximidad. Mujeres valientes, como Vicenta María López y Vicuña, Francesca Cabrini, Josefina Bakhita, María Montessori, Katharine Drexel o Elizabeth Ann Seton, abrieron caminos para las niñas, los migrantes, los últimos. Reitero lo que afirmé con claridad en *Dilexi te:* «La educación de los pobres, para la fe cristiana, no es un favor, sino un deber»[6]. Esta genealogía de concreción atestigua que, en la Iglesia, la pedagogía nunca es teoría desencarnada, sino carne, pasión e historia.

---

[6] *Ib*, n. 72.

3

Una tradición viva

3.1. La educación cristiana es una obra coral: nadie educa solo. La comunidad educativa es un «nosotros» en el que el docente, el estudiante, la familia, el personal administrativo y de servicio, los pastores y la sociedad civil convergen para generar vida[7]. Este «nosotros» impide que el agua se estanque en el pantano del «siempre se ha hecho así» y la obliga a fluir, a nutrir, a regar. El fundamento sigue siendo el mismo: la persona, imagen de Dios (Gén 1,26), capaz de verdad y relación. Por eso, la cuestión de la relación entre fe y razón no es un capítulo opcional: «la verdad religiosa no es solo una parte, sino una condición del conocimiento general»[8]. Estas palabras de san John Henry

---

[7] Congregación para la Educación Católica, Instrucción *La identidad de la escuela católica para una cultura del diálogo* (25 de enero de 2022), n. 32.

[8] John Henry Newman, *La idea de la Universidad*, Encuentro, Madrid 2025.

Newman –a quien, en el contexto de este *Jubileo del Mundo Educativo,* tengo la gran alegría de declarar copatrono de la misión educativa de la Iglesia junto con santo Tomás de Aquino– son una invitación a renovar el compromiso con un conocimiento tan intelectualmente responsable y riguroso como profundamente humano. Y también hay que tener cuidado de no caer en el iluminismo de una *fides* que se contrapone exclusivamente a la *ratio.* Es necesario salir de los bajíos, recuperando una visión empática y abierta para comprender cada vez mejor cómo se entiende el ser humano hoy en día, a fin de desarrollar y profundizar su enseñanza. Por eso no hay que separar el deseo y el corazón del conocimiento: significaría romper a la persona. La universidad y la escuela católica son lugares donde las preguntas no se silencian y la duda no se prohíbe, sino que se acompaña. Allí, el corazón dialoga con el corazón, y el método es el de la escucha que reconoce al otro como un bien, no como una amenaza. *Cor ad cor loquitur* fue el lema cardenalicio de san John Henry Newman, tomado de una carta de san Francisco de Sales: «La sinceridad del corazón, y no la abundancia de palabras, toca el corazón de los seres humanos».

3.2. Educar es un acto de esperanza y una pasión que se renueva porque manifiesta la promesa que vemos en el futuro de la humanidad[9]. La especificidad, la profundidad y la amplitud de la acción educativa es esa obra, tan misteriosa como real, de «hacer florecer el ser [...] es cuidar el alma», como se lee en la *Apología de Sócrates* de Platón (30a-b). Es un «oficio de promesas»: se promete tiempo, confianza, competencia; se promete justicia y misericordia, se promete el valor de la verdad y el bálsamo del consuelo. Educar es una tarea de amor que se transmite de generación en generación, remendando el tejido desgarrado de las relaciones y devolviendo a las palabras el peso de la promesa: «Todo ser humano es capaz de la verdad, sin embargo, el camino es mucho más soportable cuando se avanza con la ayuda de los demás»[10]. La verdad se busca en comunidad.

---

[9] Cf Congregación para la Educación Católica, Instrumentum laboris *Educar hoy y mañana. Una pasión que se renueva* (7 de abril de 2014), Introducción.

[10] S.E. Mons. Robert F. Prevost, O.S.A., *Homilía en la Universidad Católica Santo Toribio de Mogrovejo* (2018).

4

La brújula de *Gravissimum educationis*

4.1. La declaración conciliar *Gravissimum educationis* reafirma el derecho de todos a la educación y señala a la familia como la primera escuela de humanidad. La comunidad eclesial está llamada a apoyar entornos que integren la fe y la cultura, respeten la dignidad de todos y dialoguen con la sociedad. El documento advierte contra cualquier reducción de la educación a una formación funcional o a un instrumento económico: una persona no es un «perfil de competencias», no se reduce a un algoritmo predecible, sino que es un rostro, una historia, una vocación.

4.2. La formación cristiana abarca a toda la persona: espiritual, intelectual, afectiva, social, corporal. No opone lo manual y lo teórico, la ciencia y el humanismo, la técnica y la conciencia; pide, en cambio, que la profesionalidad esté impregnada de ética, y que la ética no sea una palabra abstracta, sino una práctica cotidiana. La educación no mide su valor solo en función de la eficiencia: lo mide en función de la dignidad, la justicia y la capacidad de servir al bien común. Esta visión antropológica integral debe seguir siendo el eje central de la pedagogía católica. Ella, siguiendo el pensamiento de san John Henry Newman, se opone a un enfoque puramente mercantilista que a menudo obliga hoy en día a medir la educación en términos de funcionalidad y utilidad práctica[11].

4.3.   Estos principios no son recuerdos del pasado. Son estrellas fijas. Dicen que la verdad se busca juntos; que la libertad no es capricho, sino respuesta; que la autoridad no es dominio, sino servicio. En el contexto educativo, no debe «alzarse la bandera de la posesión de la verdad, ni en el análisis de los problemas, ni en su resolución»[12]. En cambio, «es más importante saber acercarse que dar una respuesta apresurada sobre por qué ha sucedido algo o cómo superarlo. El objetivo es aprender a afrontar

---

[11] Véase John Henry Newman, *La idea de la Universidad*, Encuentro, Madrid 2025.

[12] León XIV, *Audiencia a los miembros de la Fundación Centesimus Annus Pro Pontifice* (17 de mayo de 2025).

los problemas, que siempre son diferentes, porque cada generación es nueva, con nuevos retos, nuevos sueños, nuevas preguntas»[13]. La educación católica tiene la tarea de reconstruir la confianza en un mundo marcado por los conflictos y los miedos, recordando que somos hijos y no huérfanos: de esta conciencia nace la fraternidad.

---

[13] *Ib.*

5

La centralidad de la persona

5.1. Poner a la persona en el centro significa educar en la mirada larga de Abrahán (Gén 15,5): hacerles descubrir el sentido de la vida, la dignidad inalienable, la responsabilidad hacia los demás. La educación no es solo transmisión de contenidos, sino aprendizaje de virtudes. Se forman ciudadanos capaces de servir y creyentes capaces de dar testimonio, hombres y mujeres más libres, que ya no están solos. Y la formación no se improvisa. Recuerdo con agrado los años que pasé en la querida Diócesis de Chiclayo, visitando la Universidad Católica Santo Toribio de Mogrovejo, las oportunidades que tuve de dirigirme a la comunidad académica, diciendo: «No se nace profesionales; cada trayectoria universitaria se construye paso a paso, libro a libro, año tras año, sacrificio tras sacrificio»[14].

---

[14] S.E. MONS. ROBERT F. PREVOST, O.S.A., *Homilía en la Universidad Católica Santo Toribio de Mogrovejo* (2018).

5.2. La escuela católica es un ambiente en el que se entrelazan la fe, la cultura y la vida. No es simplemente una institución, sino un ambiente vivo en el que la visión cristiana impregna cada disciplina y cada interacción. Los educadores están llamados a una responsabilidad que va más allá del contrato de trabajo: su testimonio vale tanto como su lección. Por eso, la formación de los maestros –científica, pedagógica, cultural y espiritual– es decisiva. Al compartir la misión educativa común, también es necesario un camino de formación común, «inicial y permanente, capaz de captar los retos educativos del momento presente y de proporcionar los instrumentos más eficaces para afrontarlos [...]. Esto implica en los educadores una disponibilidad para el aprendizaje y el desarrollo de los conocimientos, para la renovación y actualización de las metodologías, pero también para la formación espiritual, religiosa y el compartir»[15]. Y no bastan las actualizaciones técnicas: es necesario custodiar un corazón que escucha, una mirada que anima, una inteligencia que discierne.

---

[15] CONGREGACIÓN PARA LA EDUCACIÓN CATÓLICA, Carta circular *Educar juntos en la escuela católica* (8 de septiembre de 2007), n. 20.

5.3. La familia sigue siendo el primer lugar educativo. Las escuelas católicas colaboran con los padres, no los sustituyen, porque «el deber de la educación, sobre todo religiosa, les corresponde a ustedes antes que a nadie»[16]. La alianza educativa requiere intencionalidad, escucha y corresponsabilidad. Se construye con procesos, instrumentos y verificaciones compartidas. Es un esfuerzo y una bendición: cuando funciona, suscita confianza; cuando falta, todo se vuelve más frágil.

---

[16] CONCILIO ECUMÉNICO VATICANO II, Constitución pastoral sobre la Iglesia en el mundo contemporáneo, *Gaudium et spes* (29 de junio de 1966), n. 48.

6

Identidad y subsidiariedad

6.1. Ya la *Gravissimum educationis* reconocía la gran importancia del principio de subsidiariedad y el hecho de que las circunstancias varían según los diferentes contextos eclesiales locales. Sin embargo, el Concilio Vaticano II articuló el derecho a la educación y sus principios fundamentales como universalmente válidos. Destacó las responsabilidades que recaen tanto en los propios padres como en el Estado. Consideró un «derecho sagrado» la oferta de una formación que permitiera a los estudiantes «evaluar los valores morales con recta conciencia»[17] y pidió a las autoridades civiles que respetaran ese derecho. Además, advirtió contra la subordinación de la educación al mercado laboral y a la lógica, a menudo férrea e inhumana, de las finanzas.

---

[17] Concilio Ecuménico Vaticano II, Declaración *Gravissimum educationis* (28 de octubre de 1965), n. 1.

6.2. La educación cristiana se presenta como una coreografía. Dirigiéndose a los universitarios en la Jornada Mundial de la Juventud de Lisboa, mi difunto predecesor, el papa Francisco, dijo: «Sean protagonistas de una nueva coreografía que ponga en el centro a la persona humana; sean coreógrafos de la danza de la vida»[18]. Formar a la persona «en su totalidad» significa evitar compartimentos estancos. La fe, cuando es verdadera, no es una «materia» añadida, sino el aliento que oxigena todas las demás materias. Así, la educación católica se convierte en levadura en la comunidad humana: genera reciprocidad, supera los reduccionismos, abre a la responsabilidad social. La tarea hoy es atreverse con un humanismo integral que habite las preguntas de nuestro tiempo sin perder la fuente.

---

[18] Papa Francisco, *Discurso a los jóvenes universitarios con motivo de la Jornada Mundial de la Juventud* (3 de agosto de 2023).

7

La contemplación de la Creación

7.1. La antropología cristiana es la base de un estilo educativo que promueve el respeto, el acompañamiento personalizado, el discernimiento y el desarrollo de todas las dimensiones humanas. Entre ellas, no es secundaria una inspiración espiritual, que se realiza y se fortalece también a través de la contemplación de la Creación. Este aspecto no es nuevo en la tradición filosófica y teológica cristiana, donde el estudio de la naturaleza tenía también como propósito demostrar las huellas de Dios (*vestigia Dei*) en nuestro mundo. En las *Collationes in Hexaemeron*, san Buenaventura de Bagnoregio escribe que «el mundo entero es una sombra, un sendero, una huella». Es el libro escrito desde fuera (Ez 2,9), porque en cada criatura hay un reflejo del modelo divino, pero mezclado con la oscuridad. El mundo es, por tanto, un camino similar a la opacidad mezclada con la luz; en ese sentido, es un camino. Así como un rayo de luz que penetra por una ventana se colorea según los diferentes colores de las distintas partes del vidrio, el rayo divino se refleja de manera diferente en cada criatura y adquiere propiedades distintas»[19]. Esto también se aplica a la plasticidad de la enseñanza calibrada en función de los diferentes caracteres que, en cualquier caso, convergen en la belleza de la Creación y en su salvaguarda. Y requiere proyectos educativos «interdisciplinarios y transdisciplinarios ejercidos con sabiduría y creatividad»[20].

7.2. Olvidar nuestra humanidad común ha generado fracturas y violencia; y cuando la tierra sufre, los pobres sufren más. La educación católica no puede callar: debe unir la justicia social y la justicia ambiental, promover la sobriedad y los estilos de vida sostenibles, formar conciencias capaces de elegir no solo lo conveniente, sino lo justo. Cada pequeño gesto –evitar el desperdicio, elegir con responsabilidad, defender el bien común– es alfabetización cultural y moral.

---

[19] San Buenaventura de Bagnoregio, *Collationes in Hexaemeron*, XII, en *Opera Omnia* (ed. Peltier), Vivès, París, t. IX (1867), pp. 87-88.
[20] Papa Francisco, Constitución apostólica *Veritatis gaudium* (8 de diciembre de 2017), n. 4c [San Pablo, Madrid 2018].

7.3. La responsabilidad ecológica no se agota en datos técnicos. Estos son necesarios, pero no suficientes. Se necesita una educación que involucre la mente, el corazón y las manos; nuevos hábitos, estilos comunitarios, prácticas virtuosas. La paz no es ausencia de conflicto: es fuerza mansa que rechaza la violencia. Una educación para la paz «desarmada y desarmante»[21] enseña a deponer las armas de la palabra agresiva y de la mirada que juzga, para aprender el lenguaje de la misericordia y de la justicia reconciliada.

---

[21] León XIV, *Saludo desde la Logia central de la Basílica de San Pedro tras la elección* (8 de mayo de 2025).

8

Una constelación educativa

8.1. Hablo de «constelación» porque el mundo educativo católico es una red viva y plural: escuelas parroquiales y colegios, universidades e institutos superiores, centros de formación profesional, movimientos, plataformas digitales, iniciativas de *aprendizaje-servicio* y pastorales escolares, universitarias y culturales. Cada «estrella» tiene su propio brillo, pero todas juntas trazan una ruta. Donde en el pasado hubo rivalidad, hoy pedimos a las instituciones que converjan: la unidad es nuestra fuerza más profética.

8.2. Las diferencias metodológicas y estructurales no son lastres, sino recursos. La pluralidad de carismas, si se coordina bien, compone un cuadro coherente y fecundo. En un mundo interconectado, el juego se desarrolla en dos tableros: el local y el global. Se necesitan intercambios de profesores y estudiantes, proyectos comunes entre continentes, reconocimiento mutuo de buenas prácticas, cooperación misionera y académica. El futuro nos obliga a aprender a colaborar más, a crecer juntos.

8.3. Las constelaciones reflejan sus propias luces en un universo infinito. Como en un caleidoscopio, sus colores se entrelazan creando nuevas variaciones cromáticas. Lo mismo ocurre en el ámbito de las instituciones educativas católicas, que están abiertas al encuentro y a la escucha de la sociedad civil, de las autoridades políticas y administrativas, así como de los representantes de los sectores productivos y de las categorías laborales. Se les invita a colaborar aún más activamente con ellas con el fin de compartir y mejorar los itinerarios educativos, para que la teoría se sustente en la experiencia y la práctica. La historia enseña, además, que nuestras instituciones acogen a estudiantes y familias no creyentes o de otras religiones, pero deseosos de una educación verdaderamente humana. Por esta razón, como ya ocurre en la realidad, se deben seguir promoviendo comunidades educativas participativas, en las que laicos, religiosos, familias y estudiantes compartan la responsabilidad de la misión educativa junto con las instituciones públicas y privadas.

9

Navegando por nuevos espacios

9.1. Hace sesenta años, la *Gravissimum educationis* abrió una etapa de confianza: animó a actualizar métodos y lenguajes. Hoy en día, esta confianza se mide con el entorno digital. Las tecnologías deben servir a la persona, no sustituirla; deben enriquecer el proceso de aprendizaje, no empobrecer las relaciones y las comunidades. Una universidad y una escuela católica sin visión corren el riesgo de caer en un «eficientismo» sin alma, en la estandarización del conocimiento, que se convierte entonces en empobrecimiento espiritual.

9.2. Para habitar estos espacios se necesita creatividad pastoral: reforzar la formación de los docentes también en el ámbito digital; valorizar la didáctica activa; promover el *aprendizaje-servicio* y la ciudadanía responsable; evitar toda tecnofobia. Nuestra actitud hacia la tecnología nunca puede ser hostil, porque «el progreso tecnológico forma parte del plan de Dios para la creación»[22]. Pero exige discernimiento en el diseño didáctico, la evaluación, las plataformas, la protección de datos y el acceso equitativo. En cualquier caso, ningún algoritmo podrá sustituir lo que hace humana a la educación: la poesía, la ironía, el amor, el arte, la imaginación, la alegría del descubrimiento e incluso la educación en el error como oportunidad de crecimiento.

9.3. El punto clave no es la tecnología, sino el uso que hacemos de ella. La inteligencia artificial y los entornos digitales deben orientarse a la protección de la dignidad, la justicia y el trabajo; deben regirse por criterios de ética pública y participación; deben ir acompañados de una reflexión teológica y filosófica a la altura. Las universidades católicas tienen una tarea decisiva: ofrecer «diaconía de la cultura», menos cátedras y más mesas donde sentarse juntos, sin jerarquías innecesarias, para tocar las heridas de la historia y buscar, en el Espíritu, sabidurías que nacen de la vida de los pueblos.

---

[22] Dicasterio para la Doctrina de la Fe y Dicasterio para la Cultura y la Educación, Nota *Antiqua et nova* (28 de enero de 2025), n. 117 [San Pablo, Madrid 2025].

10

La estrella polar del *Pacto Educativo*

10.1. Entre las estrellas que orientan el camino se encuentra el *Pacto Educativo Global*. Con gratitud recojo esta herencia profética que nos ha confiado el papa Francisco. Es una invitación a formar una alianza y una red para educar en la fraternidad universal. Sus siete caminos siguen siendo nuestra base: poner a la persona en el centro; escuchar a los niños y jóvenes; promover la dignidad y la plena participación de las mujeres; reconocer a la familia como primera educadora; abrirse a la acogida y la inclusión; renovar la economía y la política al servicio del ser humano; y cuidar la casa común. Estas «estrellas» han inspirado a escuelas, universidades y comunidades educativas en todo el mundo, generando procesos concretos de humanización.

10.2. Sesenta años después de la *Gravissimum educationis* y cinco años después del *Pacto*, la historia nos interpela con nueva urgencia. Los rápidos y profundos cambios exponen a los niños, adolescentes y jóvenes a fragilidades inéditas. No basta con conservar: es necesario relanzar. Pido a todas las realidades educativas que inauguren una etapa que hable al corazón de las nuevas generaciones, recomponiendo el conocimiento y el sentido, la competencia y la responsabilidad, la fe y la vida. El *Pacto* forma parte de una Constelación Educativa Global más amplia: carismas e instituciones, aunque diferentes, forman un diseño unitario y luminoso que orienta los pasos en la oscuridad del tiempo presente.

10.3. A las siete vías añado tres prioridades. La primera se refiere a la vida interior: los jóvenes piden profundidad; necesitan espacios de silencio, discernimiento, diálogo con la conciencia y con Dios. La segunda se refiere a lo digital humano: formemos en el uso sabio de las tecnologías y la IA, colocando a la persona antes que el algoritmo y armonizando las inteligencias técnica, emocional, social, espiritual y ecológica. La tercera se refiere a la paz desarmada y desarmante: eduquemos en lenguajes no violentos, en la reconciliación, en puentes y no en muros; «Bienaventurados los pacificadores» (Mt 5,9) se convierte en método y contenido del aprendizaje.

10.4. Somos conscientes de que la red educativa católica posee una capilaridad única. Se trata de una constelación que llega a todos los continentes, con una presencia particular en las zonas con bajos ingresos: una promesa concreta de movilidad educativa y de justicia social[23]. Esta constelación exige calidad y valentía: calidad en la planificación pedagógica, en la formación de los docentes, en la gobernanza; valentía para garantizar el acceso a los más pobres, para apoyar a las familias frágiles, para promover becas y políticas inclusivas. La gratuidad evangélica no es retórica: es un estilo de relación, un método y un objetivo. Allí donde el acceso a la educación sigue siendo un privilegio, la Iglesia debe abrir puertas e inventar caminos, porque «perder a los pobres» equivale a perder la escuela misma. Esto también se aplica a la universidad: la mirada inclusiva y el cuidado del corazón salvan de la estandarización; el espíritu de servicio reanima la imaginación y reaviva el amor.

---

[23] Cf *Anuario Estadístico de la Iglesia* (actualizado al 31 de diciembre de 2022).

11

Nuevos mapas de esperanza

11.1. En el sexagésimo aniversario de la *Gravissimum educationis,* la Iglesia celebra una fecunda historia educativa, pero también se enfrenta a la necesidad imperiosa de actualizar sus propuestas a la luz de los signos de los tiempos. Las *constelaciones educativas* católicas son una imagen inspiradora de cómo la tradición y el futuro pueden entrelazarse sin contradicciones: una tradición viva que se extiende hacia nuevas formas de presencia y servicio. Las constelaciones no se reducen a concatenaciones neutras y aplanadas de las diferentes experiencias. En lugar de cadenas, nos atrevemos a pensar en las constelaciones, en su entrelazamiento lleno de maravilla y despertares. En ellas reside esa capacidad de navegar entre los desafíos con esperanza, pero también con una revisión valiente, sin perder la fidelidad al Evangelio. Somos conscientes de las dificultades: la hiperdigitalización puede fragmentar la atención; la crisis de las relaciones puede herir la psique; la inseguridad social y las desigualdades pueden apagar el deseo. Sin embargo, precisamente aquí, la educación católica puede ser un faro: no un refugio nostálgico, sino un laboratorio de discernimiento, innovación pedagógica y testimonio profético. Diseñar nuevos mapas de esperanza: esta es la urgencia del mandato.

11.2. Les pido a las comunidades educativas: desarmen las palabras, levanten la mirada y custodien el corazón. Desarmen las palabras, porque la educación no avanza con la polémica, sino con la mansedumbre que escucha. Levanten la mirada. Como Dios le dijo a Abrahán: «Mira al cielo y cuenta las estrellas» (Gén 15,5): sepan preguntarse adónde van y por qué. Custodien el corazón: la relación está antes que la opinión, la persona antes que el programa. No desperdicien el tiempo y las oportunidades: «citando una expresión agustiniana: nuestro presente es una intuición, un tiempo que vivimos y que debemos aprovechar antes de que se nos escape de las manos»[24]. En

---

[24] S.E. Mons. Robert F. Prevost, O.S.A., *Mensaje a la Universidad Católica Santo Toribio de Mogrovejo con motivo del XVIII aniversario de su fundación* (2016).

conclusión, queridos hermanos y hermanas, hago mía la exhortación del apóstol Pablo: «Deben brillar como estrellas en el mundo, manteniendo en alto la palabra de la vida» (Flp 2,15-16).

11.3. Encomiendo este camino a la Virgen María, *Sedes Sapientiae*, y a todos los santos educadores. Pido a los pastores, a los consagrados, a los laicos, a los responsables de las instituciones, a los maestros y a los estudiantes: sean servidores del mundo educativo, coreógrafos de la esperanza, investigadores incansables de la sabiduría, artífices creíbles de expresiones de belleza. Menos etiquetas, más historias; menos contraposiciones estériles, más sinfonía en el Espíritu. Entonces nuestra constelación no solo brillará, sino que orientará: hacia la verdad que libera (cf Jn 8,32), hacia la fraternidad que consolida la justicia (cf Mt 23,8), hacia la esperanza que no defrauda (cf Rom 5,5).

Basílica de San Pedro, 27 de octubre de 2025
Víspera del 60º aniversario

Leo P.P. XIV

Índice